할 수 있다!

스마트폰을 활용한
SNS와 블로그

권지숙 저

스마트폰을 활용한

SNS와 블로그

이 책의 구성

01 인스타그램 시작하기

- 인스타그램 앱 다운받기
- 인스타그램 계정 생성하기
- 인스타그램 프로필 설정하기
- 인스타그램 화면 구성

미·리·보·기

인스타그램은 2010년 10월에 서비스를 시작한 이미지 중심의 소셜 네트워킹 서비스(SNS)
입니다. 게시물에는 촬영한 사진이나 동영상을 반드시 포함해야 하며 다양한 형태로 편집해
공유할 수 있습니다. 이번 장에서는 인스타그램 앱을 다운받아 계정을 만들고 인스타그램의
화면 구성과 메뉴에 대해 알아보겠습니다.

학습 포인트 🖋

이번 장에서 학습할 핵심 내용을 소개합니다.

미리보기 🖋

학습 결과물을 미리 살펴봅니다.

---

01 인스타그램 앱 다운받기

01 홈 화면의 [Play 스토어] 앱을 터치합니다.

홈 화면에 [Play 스토어] 앱이 보이지 않으면 앱스 화면에
서 [Play 스토어] 앱을 터치합니다.

🖋 따라하기

과정을 순서대로 따라해보며 쉽게 기능을
습득할 수 있습니다.

02 화면 상단의 검색란을 터치하고 '인스타그램'을 입력합니다. 관련 앱 목록이 나타나면 그
중 [Instagram(🔳)]을 터치합니다.

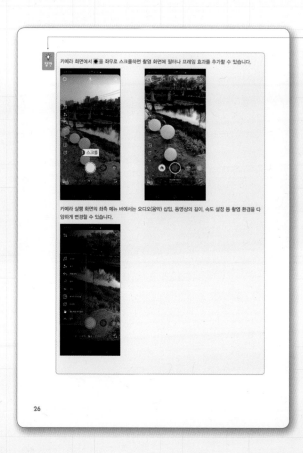

잠깐 🖋

본문에서 다루지 못한 내용이나 알아두면 유용한 내용을 설명합니다.

🖋 응용력 키우기

응용 문제를 통해 본문에서 학습한 내용을 정리하고 복습합니다.

참고

인스타그램 및 네이버 밴드 등의 SNS 앱은 서비스 품질 향상과 개인정보 보호 등의 명목으로 정기적인 앱 업데이트를 진행하고 있습니다. 업데이트 시 콘텐츠와 디자인 등이 변경되어 학습 시점의 화면과 교재가 다를 수도 있습니다.

이 책의 목차

01 인스타그램 시작하기

- 인스타그램 앱 다운받기
- 인스타그램 계정 생성하기
- 인스타그램 프로필 설정하기
- 인스타그램 화면 구성

미/리/보/기

인스타그램은 2010년 10월에 서비스를 시작한 이미지 중심의 소셜 네트워킹 서비스(SNS)입니다. 게시물에는 촬영한 사진이나 동영상을 반드시 포함해야 하며 다양한 형태로 편집해 공유할 수 있습니다. 이번 장에서는 인스타그램 앱을 다운받아 계정을 만들고 인스타그램의 화면 구성과 메뉴에 대해 알아보겠습니다.

인스타그램 앱 다운받기

01 홈 화면의 [Play 스토어] 앱을 터치합니다.

잠깐 홈 화면에 [Play 스토어] 앱이 보이지 않으면 앱스 화면에서 [Play 스토어] 앱을 터치합니다.

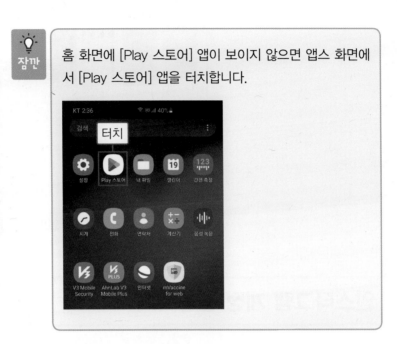

02 화면 상단의 검색란을 터치하고 '**인스타그램**'을 입력합니다. 관련 앱 목록이 나타나면 그 중 [Instagram(◉)]을 터치합니다.

03 앱 설치 화면이 나타나면 [설치] 버튼을 터치합니다. 설치가 완료되면 [열기] 버튼을 터치해 인스타그램을 실행합니다.

02 인스타그램 계정 생성하기

01 인스타그램 화면에서 [새 계정 만들기]를 터치합니다. 이름 입력 화면에서 **성명을 입력**하고 [다음] 버튼을 터치합니다.

02 원하는 비밀번호를 입력하고 [다음] 버튼을 터치합니다. 로그인 정보 저장을 묻는 화면이 나타나면 [저장] 버튼을 터치합니다.

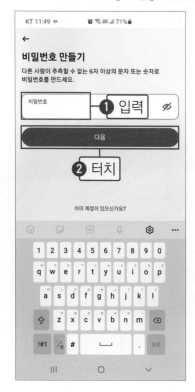

로그인 정보를 저장하면 로그인할 때마다 아이디 및 비밀번호를 입력하지 않아도 됩니다. 다만, 공용기기를 사용할 때는 개인정보가 유출될 수 있으므로 [나중에 하기]를 선택합니다.

03 이어서 생년월일 입력란을 터치합니다. 날짜 설정 창이 나타나면 위·아래로 스크롤하여 생년월일을 지정하고 [설정]을 터치합니다. 입력한 날짜를 확인하고 [다음] 버튼을 터치합니다.

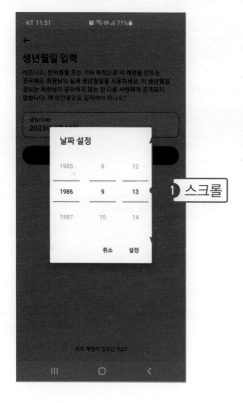

04 사용자 이름 만들기 화면에서 원하는 **이름을 입력**하고 [다음] 버튼을 터치합니다. 휴대폰 번호 입력 화면이 나타나면 **휴대폰 번호를 입력**하고 [다음] 버튼을 터치합니다.

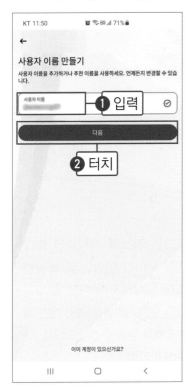
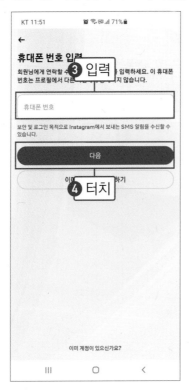

05 이어서 전송 받은 **인증 코드를 입력**하고 [다음] 버튼을 터치합니다. 약관 및 정책 동의 화면이 나타나면 [모두 선택]을 터치한 후 [동의] 버튼을 터치합니다.

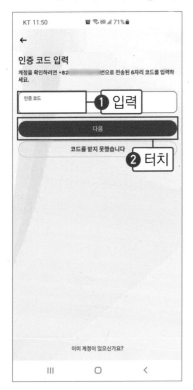

03 인스타그램 프로필 설정하기

01 프로필 사진 추가 화면에서 [사진 추가] 버튼을 터치합니다. 사진 추가 창이 나타나면 [갤러리에서 선택]을 터치합니다.

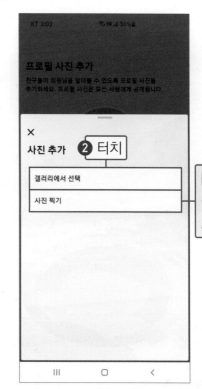

> [사진 찍기]를 선택하면 카메라 앱이 실행되어 즉석에서 사진을 촬영하고 프로필 사진으로 등록할 수 있습니다.

02 액세스 허용 창이 나타나면 [허용]을 터치하고 갤러리에서 원하는 사진을 터치합니다.

03 등록한 프로필 사진을 확인하고 [완료] 버튼을 터치합니다.

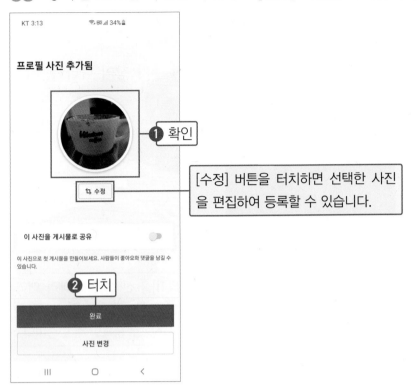

[수정] 버튼을 터치하면 선택한 사진을 편집하여 등록할 수 있습니다.

 계정 생성 후 앱을 사용하다 보면 개인정보와 관련된 동의 창이 나타납니다. 모든 항목의 토글을 스크롤해 활성화한 후 [동의함] 버튼을 터치합니다.

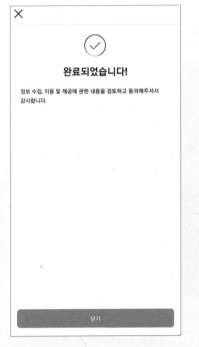

04 Facebook 친구 찾기 화면이 나타나면 **[건너뛰기]** 버튼을 터치, 다음 건너뛰기 확인 창과 연락처 동기화 화면에서도 모두 **[건너뛰기]**를 터치합니다.

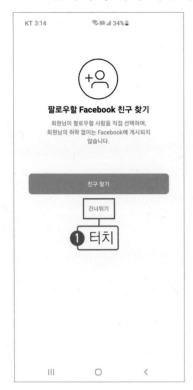

05 이어서 사람 찾아보기 화면에서도 →를 **터치**해 건너뛰기합니다. 인스타그램 홈 화면이 나타나고 하단의 **[내 프로필]**을 터치합니다.

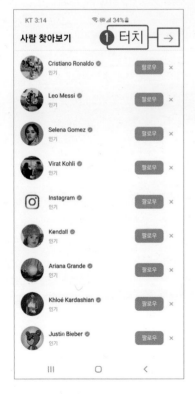

06 내 프로필 화면에서 **[프로필 편집]** 버튼을 터치합니다. 계정 생성 시 등록했던 이름과 사용자 이름을 모두 수정할 수 있습니다. 프로필 소개글을 추가하기 위해 **[소개]**를 터치합니다.

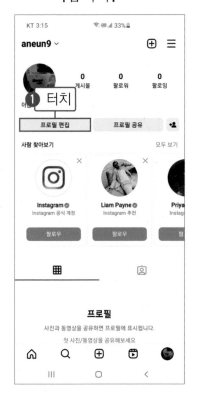

 홈 화면에서 [사람 찾아보기]를 숨기고 싶을 때는 █️을 터치합니다.

07 나를 소개하는 **글이나 단어를 소개란에 입력**하고 ☑을 **터치**합니다. 프로필 편집 화면에서 글을 확인한 후 한 번 더 ☑을 **터치**합니다. 기본 프로필 설정이 완료됐습니다.

· 소개글의 단어 앞에 붙은 #(해시)는 파란색으로 활성화되어 글씨를 터치하면 해당 단어로 검색이 가능합니다.

· [팔로우할 사람 찾기]를 통해 내 연락처에 있는 사람을 찾아 SNS 친구를 맺을 수 있습니다.

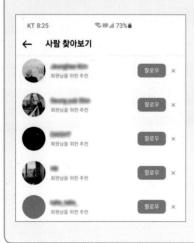

15

❶ ♡ : 좋아요, 댓글, 팔로워 등 내 계정과 관련된 새로운 활동 내역·소식을 확인할 수 있습니다.

❷ ▽ : 다이렉트 메시지(DM), 1:1 채팅과 동일한 기능으로 다른 사용자에게 개인 메시지를 보낼 수 있습니다.

❸ **스토리** : 내 스토리 및 팔로잉하는 계정의 스토리를 확인할 수 있습니다.

❹ **피드** : 팔로잉하는 계정의 게시물을 위·아래로 스크롤하며 확인할 수 있습니다.

❺ ⌂ : 인스타그램 앱을 실행하면 메인에 노출되는 홈 화면으로 팔로잉하는 계정의 게시물을 확인할 수 있습니다.

❻ Q : 게시물이나 계정을 검색할 수 있습니다. 다른 사용자들이 공유한 게시물도 추천해 줍니다.

❼ ⊕ : 촬영한 사진이나 동영상을 게시물, 스토리, 릴스 등 다양한 형식으로 공유할 수 있습니다.

❽ ⊡ : 다른 사용자들이 공유한 추천 릴스(짧은 동영상)를 위·아래로 스크롤하며 확인할 수 있습니다.

❾ ● : 내 프로필 화면으로 이동합니다.

❿ ≡ : 인스타그램의 다양한 설정 항목이 있으며 계정을 로그아웃할 수 있습니다.

응용력 키우기

01 [프로필 편집]의 [링크 추가] 기능으로 외부 링크를 등록해 봅니다.

02 [프로필 공유] 기능으로 내 인스타그램 계정을 친구나 가족에게 메시지로 공유해 봅니다.

02 인스타그램 사용하기

- 사진 · 동영상 게시하기
- 릴스 게시하기
- 스토리 게시하기

미/리/보/기

이번 장에서는 인스타그램의 주요 기능인 사진과 동영상을 올리는 방법을 알아보겠습니다.

필터 또는 다양한 편집 기능을 익히고 릴스(동영상 공유)와 스토리(24시간 동안만 게시물을

노출하는 방식)를 올리는 방법도 함께 배워봅니다.

▶ 사진 한 장 게시하기

01 홈 화면의 ⊞을 터치합니다.
갤러리에서 원하는 사진을 선
택하고 [다음]을 터치합니다.

02 이미지 편집 화면에서 원본 사진을 확인하고 **필터 종류를 좌우로 스크롤**하여 원하는 필터
를 **선택**합니다. 사진에 필터가 적용된 것을 확인하고 [수정] 탭을 터치합니다.

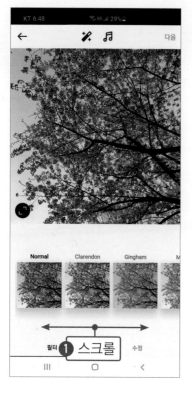

03 수정 기능을 좌우로 스크롤하여 원하는 기능을 선택합니다. 조절 바의 검정 포인터를 터치한 채 스크롤하여 원하는 수치에서 멈추고 [완료]를 터치합니다.

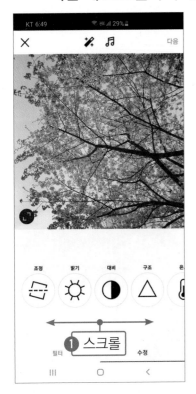

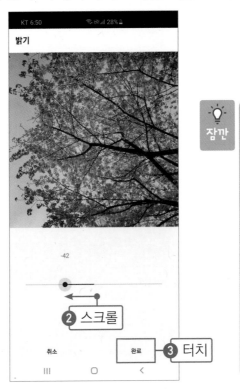

> ·필터나 수정 기능을 사용
> 하지 않고 원본 사진 그대
> 로 게시하려면 화면 상단의
> [다음]을 터치하고 4번 과
> 정의 문구 입력을 진행하면
> 됩니다.
> ·인스타그램은 1:1 비율로 사
> 진이 게시됩니다. 가로 길
> 이가 긴 사진을 게시한다
> 면 ◩을 터치해 비율을 조
> 정합니다.

04 사용한 수정 기능 밑에 검정 점이 찍힙니다. 사진을 확인하고 [다음]을 터치합니다. 문구 입력 란에 내용을 입력한 후 [공유]를 터치합니다(글은 생략 가능합니다).

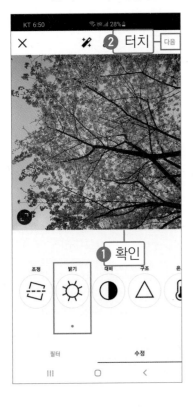

05 홈 화면에 사진이 게시되었습니다. 내 프로필 화면에서도 공유한 사진을 확인할 수 있습니다.

▶ 사진 여러 장 게시하기

01 홈 화면의 ⊞을 **터치**합니다. ▣을 **터치**하고 갤러리에서 원하는 사진을 모두 선택합니다. 사진과 동영상은 최대 10개까지 공유할 수 있고 선택한 순서대로 번호가 매겨집니다. 선택을 완료했다면 **[다음]**을 **터치**합니다.

💡 **잠깐** 동영상의 경우 영상의 총 길이가 숫자로 이미지 하단에 표시됩니다.

21

02 편집 화면에서 **좌우로 스크롤**하여 선택한 사진 및 동영상을 확인할 수 있습니다. 사진 아래 필터 메뉴는 게시물 전체에 일괄 적용되는 기능으로 **스크롤해 원하는 필터를 터치**합니다.

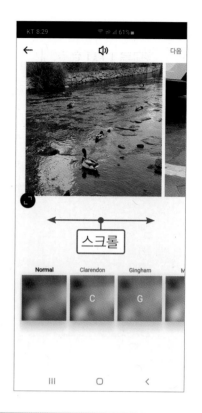

 필터를 일괄 적용하지 않고 게시물 각각 따로 편집하고 싶다면 먼저, 화면의 원본 사진을 터치합니다. 사진 크기가 확대되고 필터 메뉴가 또렷하게 노출됩니다(해당 기능의 사용 방법은 19~20쪽 02~03번 과정과 동일합니다).

03 동영상의 경우 🔊을 **터치**하면 모든 동영상의 소리가 제거됩니다. 제거하고 싶지 않다면 🔇를 다시 한번 **터치**합니다. 설정이 완료되면 **[다음]**을 **터치**합니다.

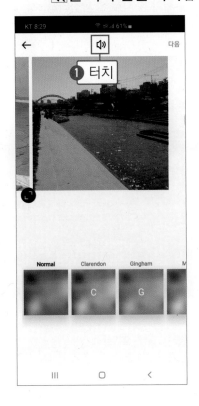
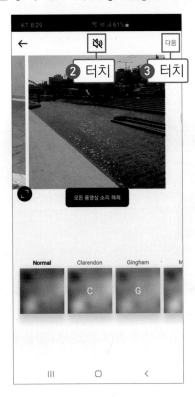

04 문구 입력란에 **내용을 입력**하고 **[공유]**를 **터치**합니다(글은 생략 가능합니다). 홈 화면과 내 프로필 화면에서 공유한 게시물을 확인할 수 있습니다.

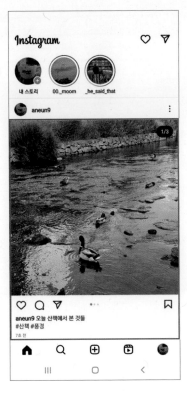

사진을 여러 장 게시한 경우

❶ 홈 화면 : 게시물 우측 상단에 총 게시물의 수와 현재 보이는 게시물의 순서가 숫자로 표시됩니다. 하단에도 게시물의 개수에 맞춰 점으로 표시됩니다. 좌우로 스크롤하여 게시물을 확인할 수 있습니다.

❷ 내 프로필 화면 : 게시물 우측 상단에 여러 장의 게시물을 나타내는 아이콘이 표시됩니다.

릴스 게시하기

01 홈 화면의 ⊞을 터치합니다. 새 게시물 화면의 메뉴 탭에서 **[릴스]**를 터치합니다. 릴스 화면에서 **[카메라]** 버튼을 터치합니다.

02 촬영 화면에서 ◉을 터치하면 동영상 녹화가 시작되고 촬영 진행 정도를 확인할 수 있는 컬러바가 채워집니다. 동영상 촬영을 종료하려면 ◎을 터치합니다.

카메라 화면에서 ◉을 좌우로 스크롤하면 촬영 화면에 필터나 프레임 효과를 추가할 수 있습니다.

카메라 실행 화면의 좌측 메뉴 바에서는 오디오(음악) 삽입, 동영상의 길이, 속도 설정 등 촬영 환경을 다양하게 변경할 수 있습니다.

03 촬영한 영상을 확인하고 [다음] 버튼을 터치합니다. 새로운 릴스 화면에서 커버 이미지를 수정하기 위해 [커버 수정] 버튼을 터치합니다. 영상 프레임 중에서 **원하는 장면을 선택**하고 [완료]를 터치합니다.

04 수정된 커버 이미지를 확인하고 **문구 입력** 란에 글을 입력한 후 [공유하기] 버튼을 터치합니다(글은 생략 가능합니다). 릴스 정보 창이 나타나면 [공유하기] 버튼을 터치합니다.

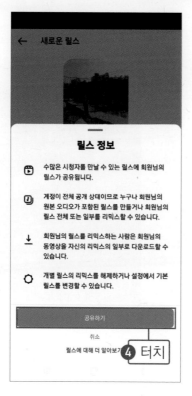

 커버는 해당 릴스의 대표 이미지로 촬영 영상의 한 장면을 선택해 게시할 수 있습니다.

05 릴스가 게시되었습니다. 홈 화면과 내 프로필 화면에서도 공유한 게시물을 확인할 수 있습니다.

 내 프로필 화면의 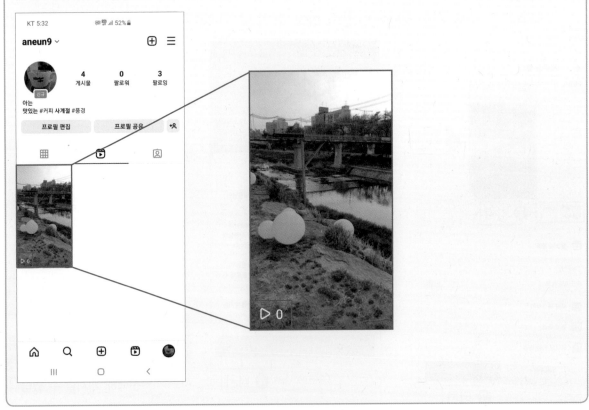 탭에서 릴스 게시물만 따로 확인할 수도 있습니다. 릴스 이미지의 ▷ 옆에 숫자는 조회수를 의미합니다.

▶ 사진 촬영 후 게시하기

01 홈 화면의 ⊞을 터치합니다. 새 게시물 화면의 메뉴 탭에서 [스토리]를 터치합니다.

02 카메라 앱이 실행되고 화면의 ◉을 **터치**해 사진을 촬영합니다. 촬영한 사진을 확인한 후 [내 스토리] 버튼을 **터치**합니다. 스토리 보관 소개 창이 나타나면 [확인]을 **터치**합니다.

앞에서 학습한 릴스와 마찬가지로 스토리 촬영 역시 카메라 실행 화면에서 ◉을 좌우로 스크롤하면 화면에 필터나 프레임 효과를 추가할 수 있습니다.

카메라 실행 화면의 좌측 메뉴 바에서는 부메랑(반복되는 짧은 동영상) 효과, 레이아웃 설정 등 촬영 환경을 다양하게 변경할 수 있습니다.

03 홈 화면의 내 스토리 사진과 내 프로필 화면의 프로필 사진 주변에 컬러띠가 생겼습니다. 내 스토리 사진을 터치하거나 **프로필 사진을 터치**해 게시물을 확인하면 컬러띠가 사라집니다.

▶ 촬영한 사진을 꾸며서 게시하기

01 홈 화면의 ⊞을 터치합니다. 새 게시물 화면의 메뉴 탭에서 [스토리]를 터치합니다.

02 카메라 화면의 [갤러리] 버튼을 터치합니다. [갤러리]에서 원하는 사진을 터치합니다.

03 화면의 ◫을 터치합니다. 글을 입력하고 좌측 조절 바의 하얀 포인터를 터치한 채 스크롤하여 글자 크기를 조절합니다.

04 을 좌우로 스크롤하여 원하는 서체를 선택합니다.

> 💡 **잠깐**
>
> 화면 좌측의 조절바는 서체 및 이모티콘의 크기를 자유롭게 조절할 수 있습니다. 하얀 포인터를 터치한 채 위쪽으로 스크롤하면 글씨의 크기가 커지고 아래쪽으로 스크롤하면 크기가 작아집니다.

05 이어서 화면의 █을 **터치**해 배경 효과를 추가하고 ◑을 **터치**합니다.

06 색상 영역을 스크롤하여 **원하는 색을 터치**합니다. 이어서 상단의 🅰을 터치해 모션 효과를 추가한 후 [완료]를 터치합니다.

07 입력한 글을 터치해 적당한 위치로 드래그하여 배치합니다. 🙂을 터치합니다. 원하는 스티커를 검색해 찾거나 스크롤해 선택합니다.

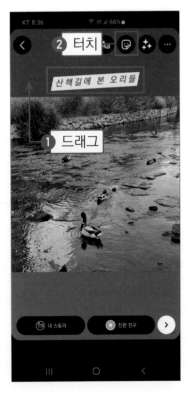

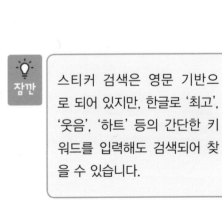

스티커 검색은 영문 기반으로 되어 있지만, 한글로 '최고', '웃음', '하트' 등의 간단한 키워드를 입력해도 검색되어 찾을 수 있습니다.

08 스티커를 터치해 원하는 위치로 드래그합니다. 위치 설정이 끝나면 [내 스토리] 버튼을 터치합니다.

09 스토리가 게시되었습니다.

- 글과 스티커는 모두 크기를 조절할 수 있습니다.
- 스토리의 상단 바 개수는 하루 동안 업로드한 스토리의 수를 나타냅니다.
- 사용자 이름 옆의 시간은 스토리 게시 이후 경과한 시간을 나타내고 24시간이 지나면 게시물은 사라집니다.

01 릴스에 음악을 추가하여 게시해 봅니다.

 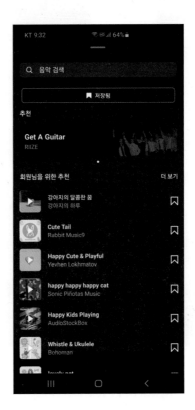

02 사진·동영상, 릴스, 스토리를 내 프로필 화면의 메뉴를 통해 게시해 봅니다.

03 인스타그램 활용하기

- 팔로우하기
- 소통하기

- 차단 및 로그아웃하기

미/리/보/기

이번 장에서는 관심 있는 사용자를 팔로우하거나 나와 관계없는 사용자를 차단해보고 다른 사용자들과 소통하는 방법에 대해 알아봅니다.

01 팔로우하기

▶ 사용자 이름으로 검색하기

01 홈 화면의 🔍을 터치합니다. 사용자 이름을 입력해 친구를 찾고 친구의 사용자 이름을 터치합니다.

02 친구의 프로필을 확인하고 [팔로우] 버튼을 터치합니다. 상대방의 팔로워 수가 변경되었습니다. 이어서 🔔을 터치하고 알림 창에서 **게시물의 토글을 스크롤해 활성화**합니다. 사용자가 새 게시물을 공유하면 알림으로 알려줍니다.

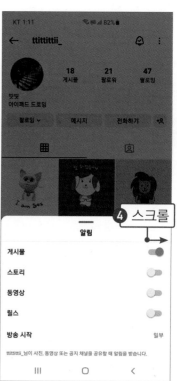

인스타그램 홈 화면의 ♡을 터치해 나를 팔로우한 사용자를 확인할 수 있습니다.

▶ 해시태그로 사용자 검색하기 ①

01 홈 화면의 Q을 터치합니다. 검색창에 원하는 검색어를 입력하고 검색 결과 화면에서 [태그] 탭을 터치해 원하는 해시태그를 터치합니다.

잠깐

해시태그는 특정 단어나 문장 앞에 #(해시)를 붙여 검색되는 기능을 뜻합니다. #를 붙이는 단어나 문장은 띄어쓰기를 하지 않습니다.

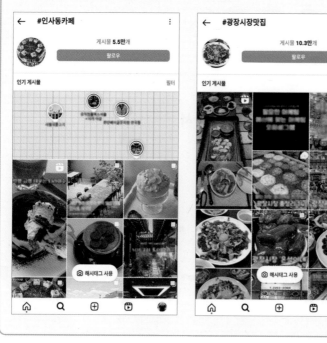

02 해당 해시태그를 추가한 게시물들이 나타납니다. 그중 **원하는 게시물을 터치**합니다. 이 게시물을 공유한 사용자를 팔로우하고 싶다면 사용자 이름의 [팔로우] 버튼을 터치합니다.

▶ 해시태그로 사용자 검색하기 ②

01 게시물에 입력한 **해시태그를 터치**합니다. 해당 해시태그를 사용한 게시물이 모두 검색되어 화면에 나타납니다. 그중 원하는 게시물을 터치합니다.

02 게시물 상단의 **사용자 이름을 터치**하면 사용자의 프로필 화면이 나타납니다. 이 사용자의 더 많은 게시물을 보고싶다면 **[팔로우]** 버튼을 터치합니다.

▶ **좋아요와 댓글 남기기**

01 팔로우한 사용자가 새 게시물을 공유하면 홈 화면에 바로 나타납니다. 새 게시물이 좋다면 ♡을 **터치**합니다. 게시글의 좋아요 수가 변경된 것을 확인할 수 있습니다. 이어서 ◯을 **터치**합니다.

💡 **잠깐**
게시물의 사진 및 동영상을 빠르게 두 번 터치해도 좋아요가 반영됩니다.

02 댓글 창에 **메시지를 입력**하고 ↑를 **터치**하면 댓글을 남기고 확인할 수 있습니다.

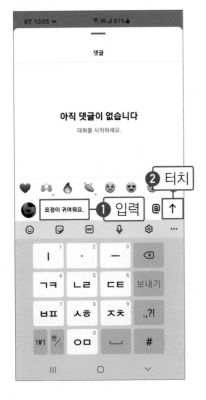

▶ 다이렉트 메시지(DM) 보내기

01 내 프로필 화면에서 [팔로워]를 터치합니다. 팔로워 목록에서 다이렉트 메세지를 보낼 친구의 **사용자 이름**을 터치합니다. 친구의 프로필 화면이 나타나면 **[메시지]** 버튼을 터치합니다.

02 다이렉트 메시지 화면이 나타나고 **메시지 보내기** 란을 터치합니다. 친구에게 **보낼 메시지** 내용을 입력하고 **[보내기]**를 **터치**하면 메시지가 전송됩니다.

  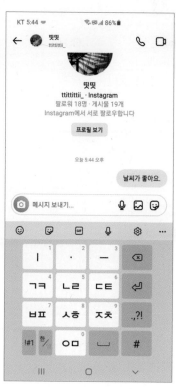

▶ 다이렉트 메시지(DM) 확인하기

01 다른 사용자가 나에게 다이렉트 메세지를 보내오면 홈 화면의 ▽에 숫자가 표시됩니다. ⚲을 **터치**합니다. 사용자별로 메시지 목록이 나타납니다.

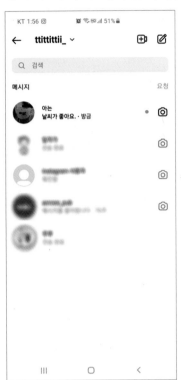

02 메시지 목록 중 **미확인 메시지에는 파란 점이 표시됩니다.** 터치하면 상대방이 보낸 메시지를 확인할 수 있습니다.

03 다이렉트 메시지 보내기와 같은 방법으로 **메시지 보내기** 란을 터치해 내용을 입력하고 **[보내기]를 터치**하면 상대방에게 답장할 수 있습니다.

---

03 차단 및 로그아웃하기

▶ 차단하기

01 차단하려는 사용자의 프로필 화면에서 ⋮을 터치합니다. 메뉴 창에서 [차단]을 터치합니다.

 차단은 해당 사용자가 나의 게시물이나 활동을 볼 수 없도록 하는 기능입니다.

45

02 차단 확인 창에서 **[차단]** 버튼을 **터치**합니다. 해당 사용자의 프로필 화면에서 게시물이 모두 사라지고 화면의 메시지를 통해 차단된 것을 확인할 수 있습니다.

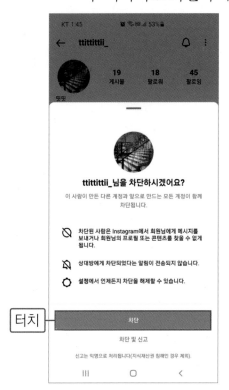

▶ **로그아웃하기**

01 내 프로필 화면에서 ☰을 **터치**합니다. 메뉴 창에서 **[설정 및 개인정보]**를 **터치**합니다.

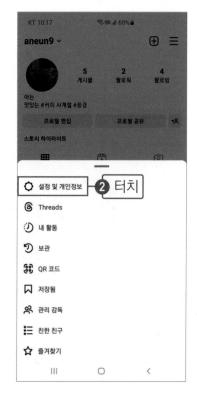

02 설정 화면이 나타나면 **아래로 스크롤하여 [계정에서 로그아웃]**을 터치합니다.

03 로그아웃 확인 창에서 한 번 더 **[로그아웃]**을 터치합니다. 로그인 페이지로 화면이 바뀌고 계정이 로그아웃된 것을 확인할 수 있습니다.

응용력 키우기

01 다른 사용자의 댓글에 좋아요를 표시해 봅니다.

02 차단했던 사용자를 검색하여 프로필 화면에서 차단을 해제해 봅니다.

 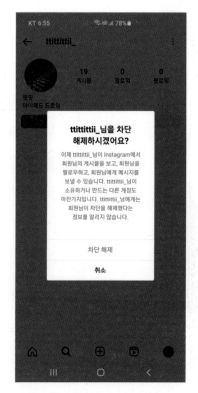

04 네이버 밴드 시작하기

- 네이버 밴드 앱 다운받기
- 네이버 밴드 회원가입 및 계정 생성하기
- 네이버 밴드 화면 구성
- 네이버 밴드 프로필 관리하기

미·리·보·기

밴드는 네이버에서 2012년 8월에 서비스를 시작한 커뮤니티 성격을 가진 소셜 네트워킹 서비스입니다. '카페'라는 PC 환경에 맞는 커뮤니티 서비스를 스마트폰 환경에 맞춰 제공한다고 생각하면 됩니다. 가족 모임, 동창회, 동호회 등 다양한 목적에 따라 밴드를 개설할 수 있습니다. 이번 장에서는 밴드 앱을 다운받아 계정을 만들고 밴드의 화면 구성에 대해 알아보겠습니다.

네이버 밴드 앱 다운받기

01 홈 화면의 [Play 스토어] 앱을 터치합니다. 앱이 실행되면 **검색란을 터치합니다.**

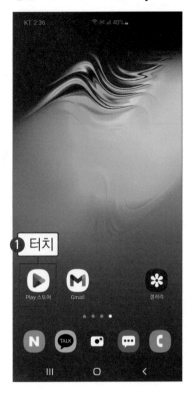

02 '네이버밴드'라고 입력한 후 관련 앱 목록이 나타나면 [밴드()]를 터치합니다. 이어서 [설치] 버튼을 터치합니다. 설치가 완료되면 [열기] 버튼을 터치해 밴드를 실행합니다.

50

01 밴드 화면에서 [회원가입] 버튼을 터치합니다. 이어서 [휴대폰 번호 또는 이메일로 가입] 버튼을 터치합니다.

02 휴대폰 번호 등 **필수 가입 정보를 모두 입력**하고 [다음]을 터치합니다. 이어서 화면을 **아래로 스크롤**합니다. 동의 항목 중 **필수 항목만 체크**하고 [확인] 버튼을 터치합니다.

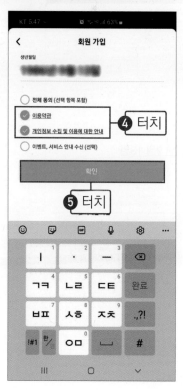

03 입력한 핸드폰 번호로 인증 번호가 전송되고 [메시지] 앱에서 인증 번호를 확인한 후 **입력**합니다. 정보 수신 확인 창이 나타나면 [확인] 버튼을 터치합니다.

04 프로필 작성 화면에서 **성별 정보를 선택**하고 [완료] 버튼을 터치합니다. 계정 생성이 완료되면 밴드 홈 화면이 나타납니다.

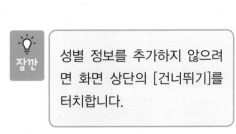
성별 정보를 추가하지 않으려면 화면 상단의 [건너뛰기]를 터치합니다.

네이버 밴드 화면 구성

❶ 🏠 : 밴드 앱을 실행하면 메인에 노출되는 홈 화면으로 밴드 만들기, 초대장 찾기 목록이 있습니다. 가입한 밴드가 있다면 밴드 목록이 표시됩니다.

❷ 📋 : 가입한 밴드에 등록된 새 글이나 인기글을 확인할 수 있습니다.

❸ 🔍 : 밴드, 페이지, 게시글을 검색하여 찾거나 추천받을 수 있습니다.

❹ 🔔 : 가입한 밴드와 관련된 새로운 소식이나 내가 작성한 글의 반응을 확인할 수 있습니다.

❺ 💬 : 가입한 밴드의 채팅방을 모두 모아 볼 수 있는 화면입니다. 멤버 간 1:1 또는 밴드 전체 채팅에 참여할 수 있습니다.

❻ 👤 : 더보기 화면으로 내 프로필 관리, 일정, 북마크 등 내가 작성한 글을 모아 볼 수 있습니다.

❼ 내 밴드 : 내가 가입한 밴드를 확인할 수 있습니다.

❽ 미션 : 같은 목표를 가진 사람들과 챌린지에 도전할 수 있습니다.

❾ 소모임 : 같은 동네, 같은 관심사를 가진 또래들과 소모임을 할 수 있습니다.

01 홈 화면의 메뉴 탭에서 🔲을 터치합니다. 더보기 화면에서 [내 프로필]을 터치합니다.

02 이어서 [프로필 관리]를 터치합니다. [새 프로필 만들기]를 터치합니다.

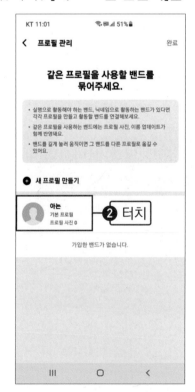

03 새 프로필 만들기 창에서 을 터치하고 [사진 선택]을 터치합니다.

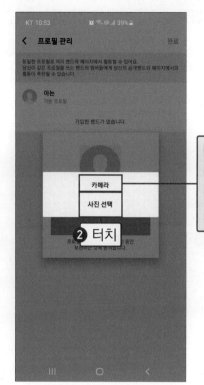

> [카메라]를 터치하면 카메라 앱이 실행되어 즉석에서 사진을 촬영하고 프로필 사진으로 등록할 수 있습니다.

04 갤러리 화면에서 **원하는 사진을 선택**하고 ☑를 터치합니다. 사진이 프로필에 적용된 것을 확인하고 [프로필명]을 터치합니다.

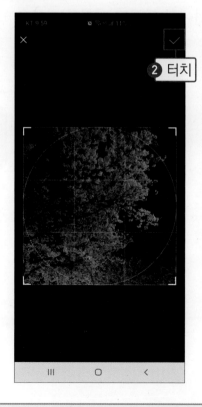

💡 **잠깐**

사진의 네 귀퉁이 중 한 곳을 터치한 채로 좌·우, 위·아래 또는 대각선 방향으로 자유롭게 스크롤하면 프레임에 들어갈 사진의 범위를 조정할 수 있습니다.

05 원하는 [프로필명]을 입력하고 [확인] 버튼을 터치합니다. 새 프로필이 만들어졌습니다. 새
프로필을 터치하여 [기본 프로필로 설정] 버튼을 터치합니다.

06 기본 프로필로 변경되었으면 [완료]를 터치합니다. 프로필 삭제 확인 창이 나타나면 [예]
를 터치합니다. 내 프로필 화면에서 등록된 사진과 이름을 확인할 수 있습니다.

01 내 프로필 화면의 [로그인 계정]에서 이메일을 등록해 봅니다.

02 더보기 화면의 [설정]에서 글씨 크기를 크게 변경해 봅니다.

05 네이버 밴드 활용하기

- 밴드 만들기 및 멤버 초대하기
- 글 작성 및 사진·동영상 올리기
- 투표 첨부·일정 등록·채팅하기
- 로그아웃하기

미 / 리 / 보 / 기

이번 장에서는 밴드를 만들어 멤버를 초대하고 밴드에 글 또는 사진을 게시하는 방법을 알아보겠습니다. 또한, 밴드 멤버들과 채팅, 투표, 일정 등 다양한 활동을 공유하는 방법도 배워봅니다.

01 홈 화면의 내 밴드에서 [밴드 만들기] 버튼을 터치하고 이어지는 화면에서 [가족] 버튼을 터치합니다.

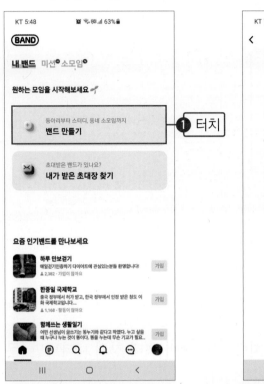

02 밴드 이름을 입력하고 [사진 추가] 버튼을 터치합니다. 사진 선택 창이 나타나면 [앨범에서 선택]을 터치합니다. 갤러리 화면에서 원하는 사진을 터치합니다.

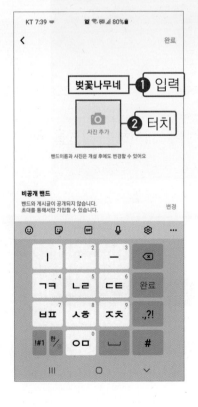

03 프레임에 들어갈 사진의 범위를 조정하고 ☑를 **터치**합니다. 밴드 이름과 사진을 확인하고 [완료]를 **터치**합니다.

04 밴드가 생성되었습니다. 밴드 화면의 [+초대]를 **터치**합니다. 멤버 초대 창이 나타나면 [문자]를 **터치**합니다. 연락처 허용 창에서 [허용]을 **터치**합니다.

05 내 연락처 목록에서 **초대할 사람을 선택**하고 [보내기]를 **터치**합니다. 초대는 여러 명을 중복해서 선택할 수도 있습니다. 메시지 화면이 나타나면 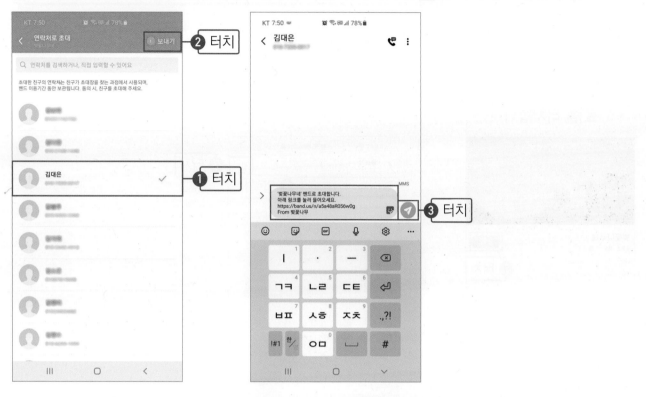를 **터치**해 초대합니다.

잠깐

밴드 화면 메뉴 탭 구성

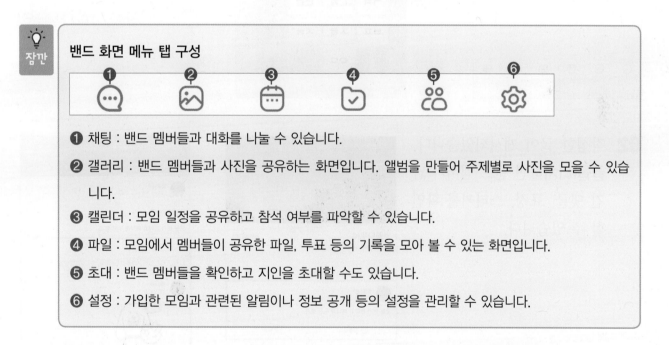

❶ 채팅 : 밴드 멤버들과 대화를 나눌 수 있습니다.

❷ 갤러리 : 밴드 멤버들과 사진을 공유하는 화면입니다. 앨범을 만들어 주제별로 사진을 모을 수 있습니다.

❸ 캘린더 : 모임 일정을 공유하고 참석 여부를 파악할 수 있습니다.

❹ 파일 : 모임에서 멤버들이 공유한 파일, 투표 등의 기록을 모아 볼 수 있는 화면입니다.

❺ 초대 : 밴드 멤버들을 확인하고 지인을 초대할 수도 있습니다.

❻ 설정 : 가입한 모임과 관련된 알림이나 정보 공개 등의 설정을 관리할 수 있습니다.

▶ **글 작성하기**

01 밴드 화면에서 [글쓰기] 버튼을 터치합니다. 글쓰기 화면이 나타나면 내용을 입력하고 [완료]를 터치합니다.

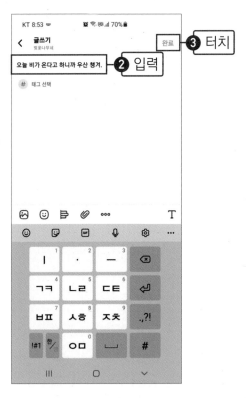

02 작성한 글이 게시되었습니다. 글을 터치하면 밴드 멤버가 남긴 댓글, 표정, 스티커를 확인할 수 있습니다.

▶ 사진 올리기

01 밴드 화면에서 [글쓰기] 버튼을 터치하고 글쓰기 화면이 나타나면 [사진/동영상]을 터치합니다.

02 갤러리 화면에서 원하는 사진을 모두 선택하고 [완료]를 터치합니다. 선택 창이 나타나면 [그냥 올리기]를 터치합니다.

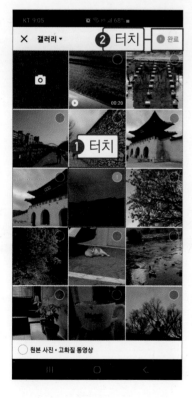 

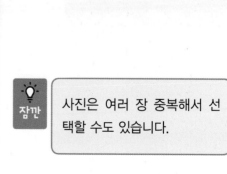
잠깐 사진은 여러 장 중복해서 선택할 수도 있습니다.

03 글쓰기 화면에 사진이 추가된 걸 확인할 수 있습니다. **내용을 입력**하고 **[완료]를 터치**합니다.

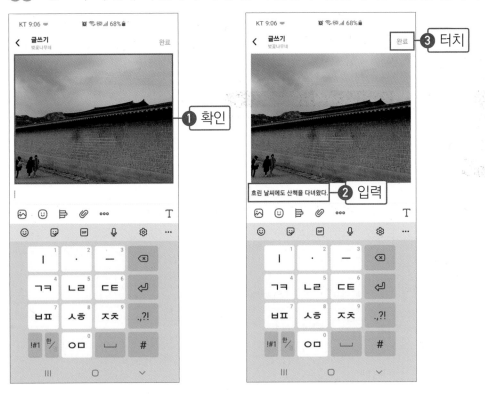

04 사진이 게시되었습니다. **게시물을 터치**하면 밴드 멤버가 남긴 댓글, 표정, 스티커를 확인할 수 있습니다.

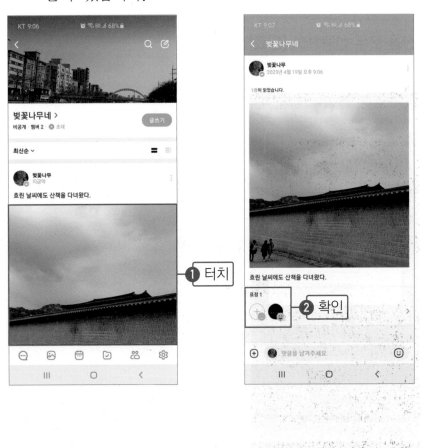

▶ 동영상 올리기

01 밴드 화면에서 [글쓰기] 버튼을 터치합니다. 글쓰기 화면이 나타나면 [사진/동영상]을 터치합니다.

02 갤러리 화면에서 **원하는 동영상을 선택**하고 [완료]를 터치합니다. 사진 선택 창이 나타나면 [그냥 올리기]를 터치합니다.

 동영상을 여러 개 중복해서 선택할 수도 있습니다.

03 글쓰기 화면에 동영상이 추가된 걸 확인할 수 있습니다. **내용을 입력**하고 **[완료]를 터치**합니다.

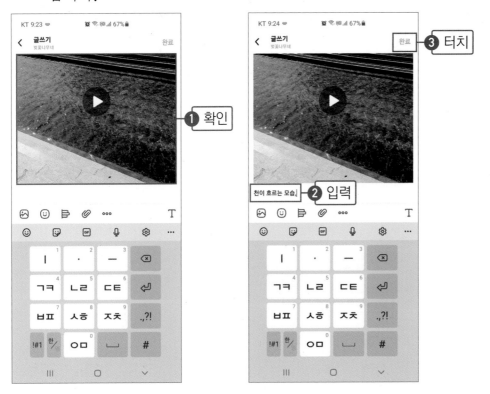

04 밴드 화면에 동영상이 게시되었습니다. 영상 하단의 🔊를 **터치**하면 소리를 켜거나 끌 수 있고 **화면을 터치**하면 전체 화면으로 동영상을 감상할 수 있습니다.

▶ 투표 첨부하기

01 밴드 화면에서 [글쓰기] 버튼을 터치합니다. 글쓰기 화면이 나타나면 [투표]를 터치합니다.

02 투표 화면에서 **투표 주제와 항목**을 입력하고 [마감일]의 토글을 스크롤해 활성화합니다. 이어서 [종료일]을 터치합니다.

03 날짜 설정 창에서 **연/월/일을 스크롤해** 날짜를 지정하고 **[설정]** 버튼을 터치합니다. 마감 시간도 같은 방법으로 지정한 후 **[첨부]**를 터치합니다.

04 글쓰기 화면이 나타나면 **[완료]를 터치**합니다. 밴드 화면에 투표가 등록된 걸 확인할 수 있습니다. **등록한 게시물을 터치**합니다.

05 원하는 항목을 터치해 투표합니다. 투표 종료를 원한다면 [투표 종료하기] 버튼을 터치합니다. 투표 종료를 묻는 확인 창에서 [지금 종료하기]를 터치합니다.

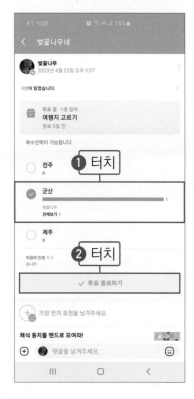 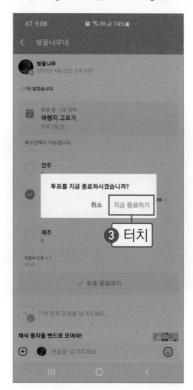

▶ 일정 등록하기

01 밴드 화면의 메뉴 탭에서 🗓을 **터치**합니다. 일정 화면이 나타나면 ➕를 **터치**합니다.

02 일정 만들기 화면에서 **스케줄명과 일정을 상세히 입력**하고 [하루 종일] 토글을 **스크롤**해 활성화합니다. [하루 종일] 영역의 날짜를 **터치**해 원하는 요일을 **선택**하고 [미리 알림]을 **터치**합니다.

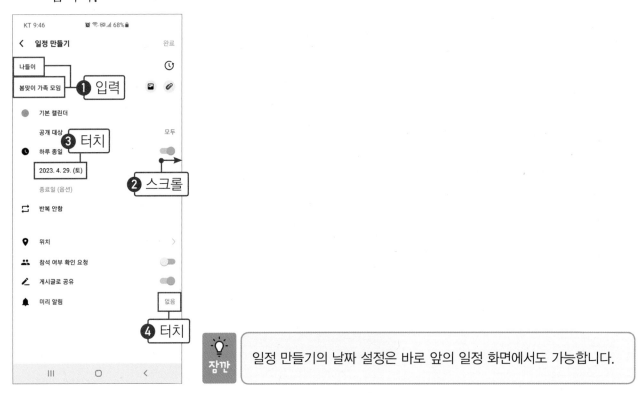

💡 **잠깐** 일정 만들기의 날짜 설정은 바로 앞의 일정 화면에서도 가능합니다.

03 미리 알림 창에서 [당일(오전 9시)]를 **터치**하면 선택한 날짜의 일정을 미리 알려주는 메시지를 받을 수 있습니다. 이어서 [완료]를 **터치**합니다.

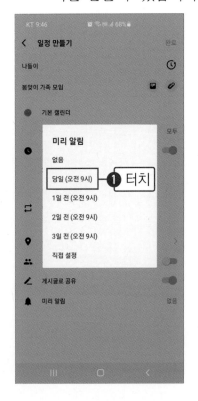
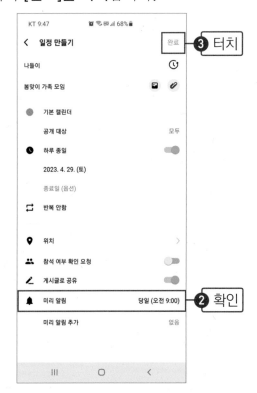

04 일정 화면에서 **등록한 일정을 확인**하고 ◁를 **터치**합니다. 밴드 화면에서도 **일정을 확인**할 수 있습니다.

▶ 채팅하기

01 밴드 화면의 메뉴 탭에서 💬을 **터치**합니다. [내 채팅] 목록에서 **원하는 채팅방을 터치**합니다.

02 메시지 입력란을 터치해 보내고 싶은 내용을 입력하고 ▷를 터치합니다. 상대방이 메시지를 확인하면 말풍선 옆에 확인한 사람의 수와 '읽음' 표시가 나타납니다. 이번에는 ☺를 터치합니다.

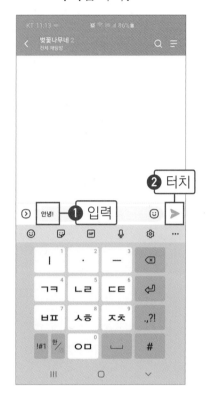
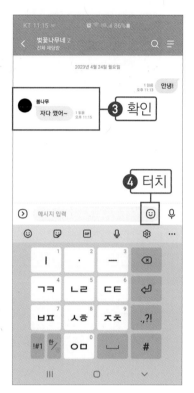

03 원하는 스티커를 선택하고 ▷를 터치합니다. 대화가 종료되면 채팅방의 ◁를 터치합니다. [내 채팅] 목록이 나오면 한 번 더 ◁를 터치해 밴드 화면으로 돌아갑니다.

04 로그아웃하기

01 밴드 홈 화면에서 ●을 터치합니다. 이어서 [설정]을 터치합니다.

02 설정 화면을 아래로 스크롤해 [로그아웃]을 터치합니다. 로그아웃 확인 창이 나타나면 한 번 더 [로그아웃] 버튼을 터치합니다.

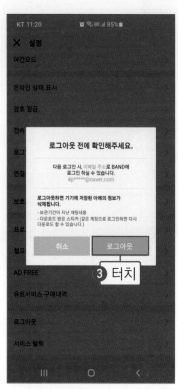

응용력 키우기

01 밴드 멤버가 남긴 댓글에 답변을 남겨봅니다.

02 일정내용 화면에서 [일정 저장] 버튼을 터치해 스마트폰 캘린더 앱에 일정을 추가해 봅니다.

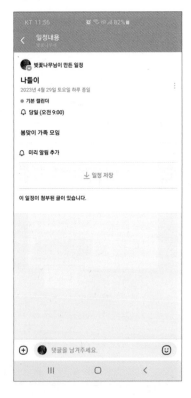  

06 네이버 블로그 시작하기

- 네이버 블로그 앱 다운받기
- 네이버 회원가입하기
- 네이버 블로그 개설과 프로필 입력하기

미/리/보/기

네이버 블로그는 네이버에서 운영하는 국내 최대의 서비스형 블로그로 개인의 일상이나 전문가의 정보 공유 등 다양한 목적으로 글과 사진을 자유롭게 기록할 수 있습니다. 이번 장에서는 네이버 블로그 앱을 다운받고 계정을 생성하는 방법을 알아봅니다.

네이버 블로그 앱 다운받기

01 홈 화면의 [Play 스토어] 앱을 터치합니다. 검색란을 터치해 '네이버블로그'라 입력하고 [네이버 블로그-Naver Blog()]를 터치합니다.

02 이어서 [설치] 버튼을 터치합니다. 설치가 완료되면 [열기] 버튼을 터치해 네이버 블로그를 실행합니다.

01 로그인 화면에서 [회원가입]을 터치합니다. 이용약관과 개인정보 수집 및 이용에 대한 안내를 확인하고 필수 체크 사항을 터치한 후 [다음] 버튼을 터치합니다.

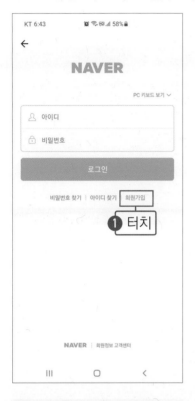
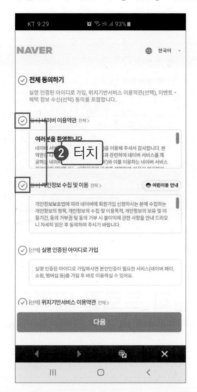

02 회원가입 화면에서 원하는 아이디와 비밀번호를 입력하고 나머지 필수 기본 정보도 모두 입력합니다. 이어서 휴대전화 번호를 입력하고 [인증요청] 버튼을 터치합니다.

03 전송된 **인증번호를 입력**하고
[가입하기] 버튼을 터치합니다.
회원가입이 완료되었습니다.

▶ **블로그 개설**

01 블로그 앱을 실행해 로그인
화면에서 **아이디와 비밀번호**
를 입력하고 [로그인] 버튼을
터치합니다. 이어서 [블로그
아이디 만들기] 버튼을 터치
합니다.

02 블로그에서 사용할 **아이디를 입력**하고 **[확인]** 버튼을 터치합니다. 아이디 확인 창에서 한 번 더 **[확인]** 버튼을 터치합니다. 블로그 아이디가 만들어졌습니다.

▶ 프로필 입력하기

01 블로그 홈 화면의 하단에서 👤을 **터치**합니다. 내 블로그 화면이 나타나면 **[홈편집]** 버튼을 터치합니다.

02 블로그의 이름과 별명 영역에 글상자가 나타납니다. **원하는 블로그 이름과 별명을 입력**하고 ◉을 **터치**합니다.

03 허용 확인 창이 나타나면 [허용]을 **터치**합니다. 갤러리 화면에서 **원하는 사진을 선택**하고 [다음]을 **터치**합니다.

04 이어서 [완료]를 터치합니다. 프로필 이미지 등록이 완료됩니다.

💡 **잠깐** 블로그의 프로필 이미지는 가로 161px 섬네일로 생성됩니다. PC 버전에서는 정사각형의 이미지이지만 모바일 버전에서는 원형 이미지로 보여 테두리의 여백이 잘릴 수 있는 점 참고해 주세요.

05 블로그의 이름과 별명, 프로필 이미지를 확인하고 [적용] 버튼을 터치합니다. 변경된 내 블로그의 홈 화면을 확인할 수 있습니다.

응용력 키우기

01 프로필 이미지를 등록할 때 핀치줌을 이용해 프레임에 원하는 크기로 사진을 확대/축소하여 등록해 봅니다.

*핀치줌 : 두 손가락 끝으로 화면을 누른 상태에서 벌리거나 오므리는 동작

02 내 블로그 홈 화면의 [홈편집]에서 블로그 소개글을 등록해 봅니다.

07 네이버 블로그 꾸미기

- ▪ 스킨 적용하기
- ▪ 커버 스타일 지정하기
- ▪ 레이아웃 지정하기

미/리/보/기

이번 장에서는 블로그를 예쁘게 꾸미는 방법에 대해 알아보겠습니다. 원하는 이미지로 블로

그 커버 스타일을 설정하고 다양한 레이아웃의 종류를 살펴본 후 포스트에 적용하는 방법을

알아봅니다.

01 블로그 홈 화면의 하단에서 ⊠을 **터치**합니다. 내 블로그 화면이 나타나면 **[홈편집]** 버튼을 **터치**합니다.

02 홈편집 화면에서 **[이미지 변경]** 버튼을 **터치**합니다. 이미지 선택 창이 나타나면 **[촬영 또는 앨범에서 선택]**을 **터치**합니다.

03 갤러리 화면에서 원하는 **이미지를 선택**하고 **[다음]**을 터치합니다. 스킨으로 사용하고 싶은 이미지 부분을 프레임에 맞추고 **[완료]**를 터치합니다.

04 스킨 이미지를 확인하고 **[적용]**을 **터치**합니다. 블로그 스킨이 변경된 것을 확인할 수 있습니다.

커버 스타일 지정하기

01 내 블로그 화면에서 [홈편집] 버튼을 터치하고 이어서 [커버 스타일] 버튼을 터치합니다. 커버 스타일 변경 화면에서 원하는 스타일을 선택한 후 [확인]을 터치합니다.

02 변경된 커버 스타일을 확인하고 [적용]을 터치합니다. 블로그 커버가 변경된 것을 확인할 수 있습니다.

커버 스타일

커버 스타일은 총 여덟 개가 있습니다. 스킨 이미지가 노출되는 범위, 블로그 이름과 별명 그리고 프로필 사진의 위치에 따라 스타일이 달라집니다. 다음의 예시를 참고하여 원하는 스타일을 선택합니다.

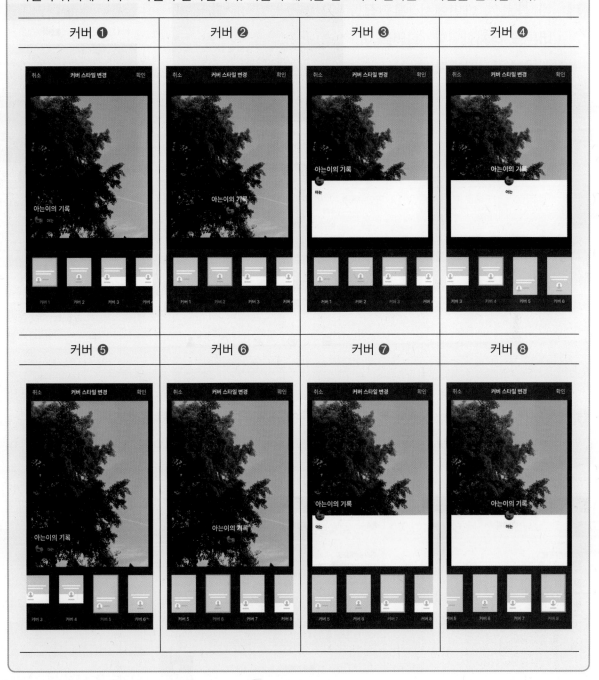

01 내 블로그 화면에서 [홈편집] 버튼을 터치합니다. 화면을 아래로 스크롤합니다.

02 인기글/대표글 영역에서 **블로그에 노출하고 싶은 항목을 터치해 설정**합니다. 둘 중 하나를 선택해 보여줄 수 있고 둘 다 보여주는 것도 가능합니다. 모두 노출하길 원한다면 인기글/대표글을 터치한 순서대로 번호가 매겨져 게시물이 보입니다.

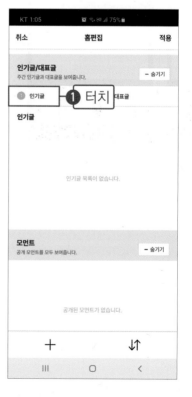
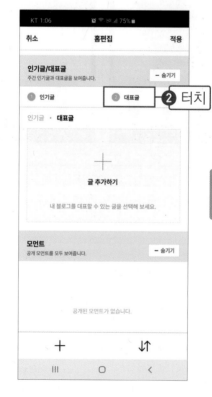

> **잠깐**
>
> 인기글은 나의 블로그에서 한 주 동안 많은 관심을 받았던 게시물로 말 그대로 다른 블로거들에게 인기를 얻었던 게시물을 뜻합니다. 대표글은 나의 블로그를 대표하는 중요 게시물을 의미하며, 내가 직접 선정하여 노출할 수도 있습니다.

03 모먼트 영역의 노출을 원하지 않는다면 우측의 [숨기기] 버튼을 터치합니다. 확인 창이 나타나면 한 번 더 [숨기기]를 터치합니다.

 잠깐

모먼트 영역의 게시물은 동영상을 편집하거나 텍스트 또는 음악을 추가하여 공유한 게시물을 말합니다.

04 마지막으로 글 목록 영역에서 **원하는 방식을 선택**하고 [적용]을 터치합니다. 블로그 레이아웃의 설정이 모두 완료되었습니다.

잠깐

글 목록 스타일

글 목록 스타일은 총 네 종류가 있습니다. 게시물의 이미지 크기, 제목, 본문 노출 여부 등에 따라 스타일이 달라집니다. 다음의 예시를 참고하여 원하는 스타일을 선택합니다. 단, 동영상형은 동영상 게시물을 올렸을 때만 목록에 나타납니다.

응용력 키우기

01 내 블로그 홈 화면의 [홈편집]에서 [이미지 변경]을 선택한 후 [기본 커버 이미지] 메뉴를 이용하여 스킨을 변경해 봅니다.

02 내 블로그 홈 화면의 [홈편집]에서 ⊞를 이용하여 모먼트 블록을 다시 추가해 봅니다.

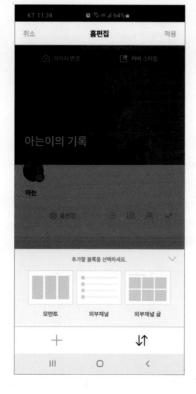

카테고리 추가 및 포스트 작성하기

- 카테고리 추가하기
- 포스트 발행 옵션 설정하기
- 포스트 작성하기

미/리/보/기

이번 장에서는 블로그 포스트를 작성하는 방법과 카테고리를 추가하는 방법에 대해 알아보겠습니다. 나만의 스타일로 포스트를 작성해 올리고 주제에 맞는 카테고리를 추가해 분류하는 방법을 알아봅니다.

카테고리 추가하기

01 블로그 홈 화면의 하단에서 👤을 터치하고 내 블로그 화면이 나타나면 ☰을 터치합니다.

02 카테고리 화면이 나타나고 ⚙을 터치합니다. 카테고리 설정 화면에서 ➕를 터치합니다.

03 카테고리 추가 화면이 나타나면 게시물의 주제와 부합하는 카테고리 이름을 입력하고 공개설정 여부를 선택한 후 [확인]을 터치합니다.

 잠깐

카테고리 추가 화면의 주제 분류 선택을 터치하면 다음과 같은 화면이 나타납니다. 이 기능은 해당 카테고리에 등록할 포스트의 주제를 상세히 지정할 수 있습니다. 원하는 주제를 터치하고 〈를 터치합니다 (특정 주제를 지정하고 싶지 않다면 설정하지 않아도 됩니다).

04 추가 확인창이 나타나면 [확인]을 터치합니다. 카테고리가 추가되었습니다. 이어서 카테 고리를 더 추가해 보겠습니다. ➕를 터치합니다.

05 게시물의 주제와 부합하는 **카테고리 이름**을 입력하고 공개설정에서 [비공개] 버튼을 선택 한 후 [확인]을 터치합니다. 추가 확인창이 나타나면 [확인]을 터치합니다.

06 카테고리가 추가되었습니다. 비공개 설정된 카테고리에는 자물쇠 아이콘이 나타나며 다른 사용자들에게 보이지 않습니다. 이어서 ⟨를 **터치**합니다. 카테고리 화면에서 추가된 카테고리 메뉴를 모두 확인할 수 있습니다.

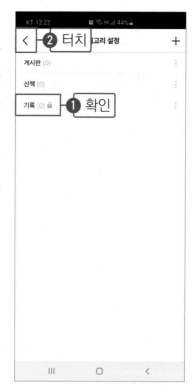

02 포스트 발행 옵션 설정하기

01 블로그 홈 화면의 하단에서 ✎을 **터치**합니다. 글쓰기 화면이 나타나고 화면 상단의 **카테고리 이름**을 **터치**합니다.

02 발행 옵션 창에서 **카테고리 이름을** 터치합니다. 카테고리 설정 화면이 나타나고 포스트를 작성할 **카테고리 이름을** 선택한 후 [확인]을 터치합니다.

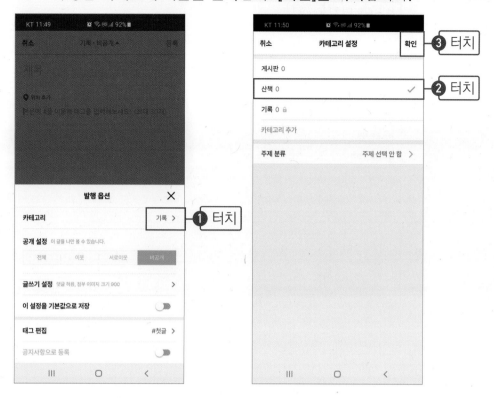

03 공개 설정에서 원하는 **공개 범위를** 선택합니다. 이어서 **글쓰기 설정을** 터치합니다.

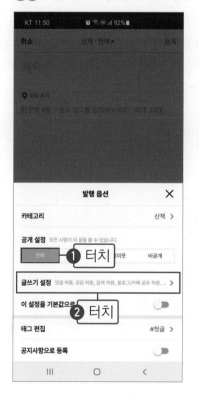

공개 설정은 해당 포스트를 어느 범위까지 공개할지 설정하는 기능입니다. 전체 공개에서 비공개로 갈수록 공개 범위가 좁아집니다.

· 전체 : 모든 사용자가 볼 수 있습니다.

· 이웃 : 내가 이웃으로 추가한 사용자 및 나와 서로이웃을 맺은 사용자만 볼 수 있습니다.

· 서로이웃 : 나와 서로이웃을 맺은 사용자만 볼 수 있습니다.

· 비공개 : 나만 볼 수 있습니다.

04 글쓰기 설정 화면에서 원하는 설정의 **토글을 스크롤해 활성화**하고 ﹤를 터치합니다.

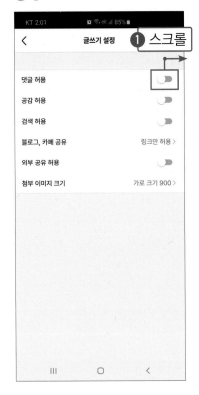

· 댓글 허용 : 다른 사용자가 해당 포스트에 댓글을 남기는 것을 허용하거나 허용하지 않는 기능입니다.
· 공감 허용 : 다른 사용자가 해당 포스트에 공감 표시하는 것을 허용하거나 허용하지 않는 기능입니다.
· 검색 허용 : 검색 사이트에서 검색어를 입력했을 때 해당 포스트가 노출되도록 허용하거나 허용하지 않는 기능입니다.
· 블로그, 카페 공유 : 해당 포스트를 블로그나 카페에 공유하려고 할 때 본문이 노출될지, 링크만 공유할지, 공유를 허용하지 않을지 정하는 기능입니다.
· 외부 공유 허용 : 블로그나 카페 외의 온라인 상에서의 공유를 허용하거나 허용하지 않는 기능입니다.

05 이어서 발행 옵션 창에서 [이 설정을 기본값으로 저장]의 토글을 스크롤해 활성화합니다. ☒를 **터치**해 발행 옵션 설정을 마칩니다.

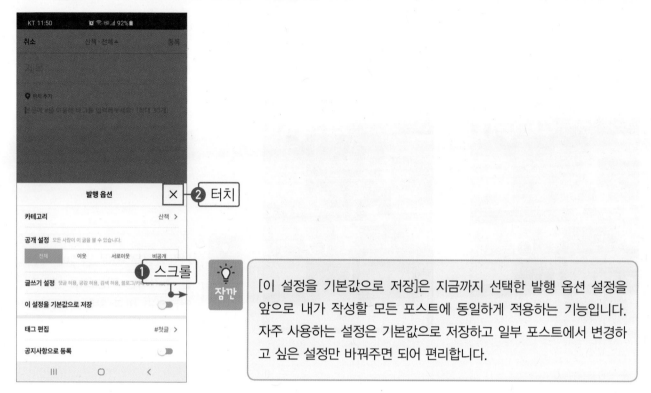

[이 설정을 기본값으로 저장]은 지금까지 선택한 발행 옵션 설정을 앞으로 내가 작성할 모든 포스트에 동일하게 적용하는 기능입니다. 자주 사용하는 설정은 기본값으로 저장하고 일부 포스트에서 변경하고 싶은 설정만 바꿔주면 되어 편리합니다.

(03) 포스트 작성하기

01 글쓰기 화면에서 **포스트의 제목을 입력**하고 ☒을 **터치**합니다.

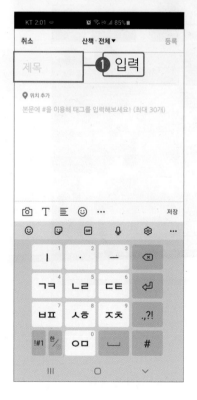

02 갤러리 화면에서 원하는 **사진을 선택**하고 **[첨부]를 터치**합니다.

2번 과정은 제목 영역에 사진을 추가하는 기능으로 원하지 않는다면 바로 3번 과정을 진행하면 됩니다.

03 제목 영역에 사진이 추가되었습니다. **본문을 터치**해 **내용을 입력**하고 을 **터치**합니다. 갤러리 화면에서 원하는 **사진을 선택**한 후 **[첨부]를 터치**합니다.

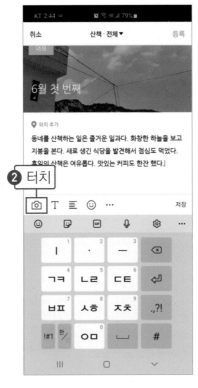

잠깐

블로그 사진 편집

갤러리 화면에서 사진을 선택하고 [사진 편집] 버튼을 터치하면 다양한 사진 편집 기능을 사용할 수 있습니다.

❶ 필터 : 사진에 다양한 색감 변화를 줄 수 있습니다.

❷ 자르기 · 회전 : 원하는 크기로 사진을 자르거나 다양한 각도로 회전할 수 있습니다.

❸ 보정 : 사진의 밝기, 채도, 선명도 등을 조정할 수 있습니다.

❹ 모자이크 : 노출하고 싶지 않은 부분에 모자이크 효과를 줘 가릴 수 있습니다.

❺ 서명 : 이미지의 무분별한 복제를 예방하기 위해 나만의 고유한 무늬를 새겨 넣을 수 있습니다.

04 본문에 사진이 추가되었습니다. **사진을 터치**하면 테두리에 초록색 선이 나타나고 '사진 설명을 입력하세요'라는 [캡션]이 나타납니다. **[캡션]을 터치**합니다.

05 **내용을 입력**하면 작은 글씨의 **캡션이 생성**됩니다. 본문의 흰 여백을 터치해 내용을 더 입력하거나 **[등록]을 터치**합니다. 내 블로그에 포스트가 등록되었습니다.

01 내 블로그 홈 화면에서 ▤을 터치한 후 ⚙을 터치해 카테고리 이름을 변경해 봅니다.

02 포스트 작성 시 ☺을 이용하여 본문에 스티커를 추가해 봅니다.

09 이웃 추가 및 관리하기

- 블로그 이웃과 서로이웃 맺기
- 이웃 관리하기
- 새그룹 추가하기

미/리/보/기

이번 장에서는 관심 분야가 비슷하거나 꾸준하게 소통하고 싶은 사용자를 찾아 블로그 이웃으로 추가해 보겠습니다. 이웃목록에서 '내가 추가한 이웃'과 '나를 추가한 이웃'을 확인할 수 있으며 서로이웃을 맺어 활발하게 소통합니다.

블로그 이웃과 서로이웃 맺기

01 블로그 홈 화면의 하단에서 Q를 **터치**합니다. 검색란에 **키워드를 입력**해 원하는 주제의 포스트나 사용자를 검색하고 터치합니다.

02 검색해 찾은 사용자의 블로그 홈 화면입니다. [+이웃추가] 버튼을 **터치**하고 이웃 추가 화면에서 [서로이웃을 신청합니다.]를 **터치**합니다.

 잠깐

· 이웃 추가하기 : 이웃의 전체공개 글만 확인할 수 있습니다.
· 서로이웃 신청하기 : 이웃의 모든 글을 확인할 수 있으며 상대에게 서로이웃을 신청해 동의를 얻는 과정이 필요합니다.

03 그룹 선택 영역의 메시지 입력란에 상대에게 보낼 **메시지를 입력**하고 **[확인]**을 터치합니다. 서로이웃 신청이 완료되었습니다.

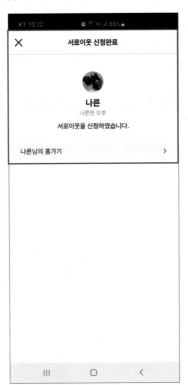

다른 사용자에게 서로이웃 신청을 받은 경우

❶ 블로그 홈 화면의 [🔔]을 터치합니다.

❷ 내 소식 화면의 알림 목록에서 서로이웃 신청 메시지를 터치합니다.

❸ 상대의 신청을 수락하거나 거절할 수 있습니다. 원하는 버튼을 터치합니다.

❹ [수락] 버튼을 터치한 경우 다음 화면에서 [확인]을 터치합니다.

❺ 신청한 사용자와 서로이웃이 되었습니다.

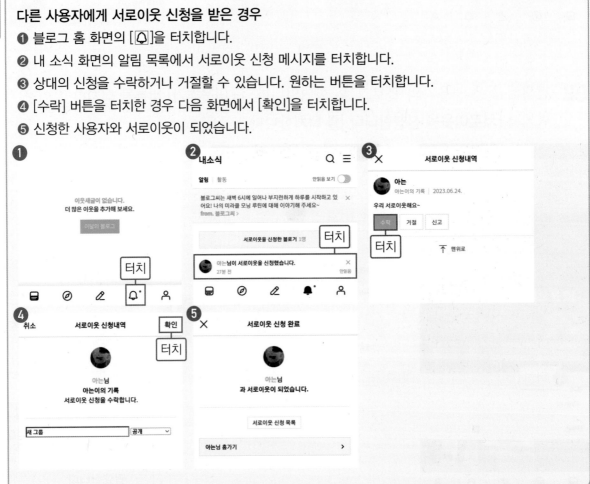

02 이웃 관리하기

▶ 이웃목록 확인하기

01 내 블로그 화면에서 🙎을 **터치**합니다. 이웃목록 화면이 나타나고 [내가 추가한] 탭에서 이웃목록을 확인할 수 있습니다.

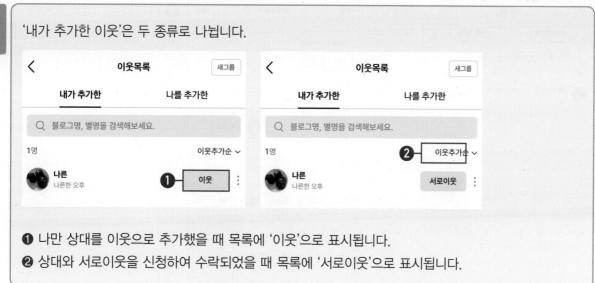

'내가 추가한 이웃'은 두 종류로 나뉩니다.

❶ 나만 상대를 이웃으로 추가했을 때 목록에 '이웃'으로 표시됩니다.

❷ 상대와 서로이웃을 신청하여 수락되었을 때 목록에 '서로이웃'으로 표시됩니다.

02 [나를 추가한] 탭을 터치하면 '나를 추가한' 이웃목록을 확인할 수 있습니다.

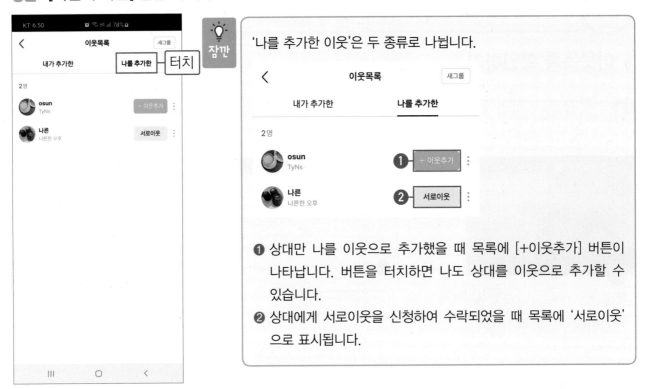

'나를 추가한 이웃'은 두 종류로 나뉩니다.

❶ 상대만 나를 이웃으로 추가했을 때 목록에 [+이웃추가] 버튼이 나타납니다. 버튼을 터치하면 나도 상대를 이웃으로 추가할 수 있습니다.

❷ 상대에게 서로이웃을 신청하여 수락되었을 때 목록에 '서로이웃' 으로 표시됩니다.

---

03 새그룹 추가하기

01 이웃목록 화면에서 [새그룹] 버튼을 터치합니다. 새그룹 추가 화면이 나타나면 이웃의 그룹명을 입력하고 공개 설정에서 원하는 범위를 선택한 후 [확인]을 터치합니다.

02 추가 확인 창에서 한 번 더 [**확인**]을 터치합니다.

· 이웃 그룹화하기 : 이웃을 추가하다 보면 공통되는 관심사로 묶을
  수 있는 이웃들이 생깁니다. 키워드로 이웃들을 그룹화하면 원하는
  이웃 또는 관련 정보를 찾거나 관리하기 쉽습니다.
· 그룹의 공개/비공개 설정하기 : 다른 사용자에게 나의 이웃 그룹을
  보이게 할 것인지, 보이지 않게 할 것인지를 설정하는 기능입니다.
  그룹명과 그룹에 속해 있는 이웃이 공개/비공개됩니다.

03 이웃목록 화면으로 돌아와 내가 추가한 이웃의 ⋮을 터치합니다. 설정 창이 나타나면 [**그룹
이동**]을 터치합니다.

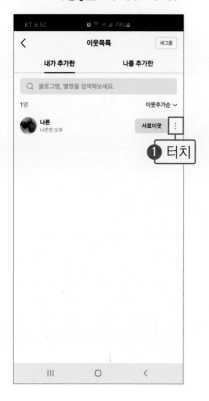

04 그룹이동 화면에서 [그룹 목록]을 터치합니다. 원하는 그룹을 선택하고 [확인]을 터치합니다.

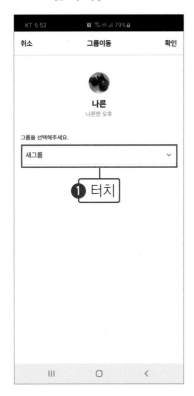
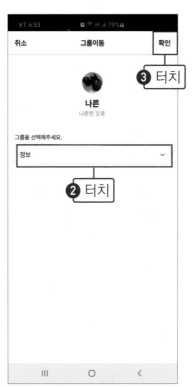

05 변경 확인 창에서 [확인]을 터치합니다. 해당 사용자의 이웃 그룹이 변경되었습니다.

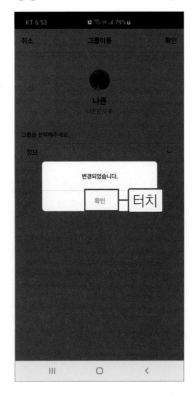

01 블로그 홈 화면에서 [이달의 블로그] 버튼을 터치해 다른 블로그를 방문해 봅니다. 나와 관심사가 잘 맞는 사용자를 이웃 또는 서로이웃으로 추가해 봅니다.

02 이웃목록 화면에서 [이웃추가순]을 '이웃그룹순'으로 변경해 각 그룹에 몇 명의 이웃이 있는지와 어떤 이웃이 있는지 확인해 봅니다.

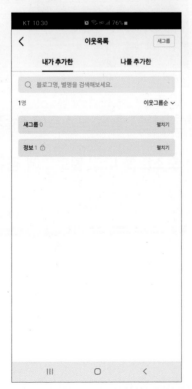

10 네이버 블로그에서 소통하기

- 댓글 작성하기
- 포스트 공유하기

이번 장에는 블로그 이웃과 다른 사용자들의 포스트에 댓글을 작성해 소통하는 방법을 알아

보겠습니다. 또한, 마음에 드는 포스트를 나의 블로그에 공유하는 방법도 배워봅니다.

01 댓글 작성하기

01 블로그 홈 화면에서 **이웃의 최신 포스트를 터치**합니다. 포스트 하단의 ☺을 **터치**합니다.

02 댓글 입력란에 **메세지를 입력**하고 [등록] 버튼을 **터치**하면 댓글이 성공적으로 등록됩니다. 확인이 끝났으면 [글보기] 버튼을 **터치**합니다.

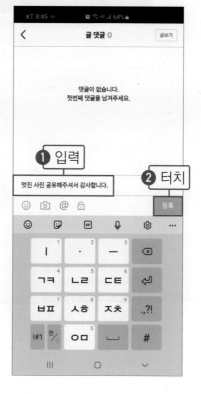

03 다시 이웃 블로그의 포스트 화면이 나타나고 **댓글의 개수가 바뀐 것을 확인할 수 있습니다.**

댓글 옆의 ♡는 공감 표현 버튼입니다. 쉽게 말해 포스트가 마음에 든다는 '좋아요' 표시로 터치 시 로 변경되며 숫자로 공감 개수가 표시됩니다.

▶ 스티커 댓글 남기기

01 이웃의 포스트에서 ☺를 **터치**하고 댓글 입력란에서 ☺를 **터치**합니다.

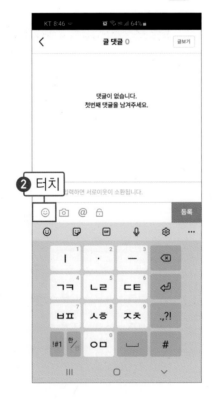

02 스티커 목록에서 원하는 **스티커를 터치**합니다. 댓글 입력란에 선택한 스티커가 맞는지 확인하고 **[등록] 버튼을 터치**합니다.

03 스티커가 성공적으로 등록되었습니다. 확인이 끝났으면 **[글보기] 버튼을 터치**합니다. 다시 이웃 블로그의 포스트 화면이 나타나고 **댓글의 개수가 바뀐 것을 확인**할 수 있습니다.

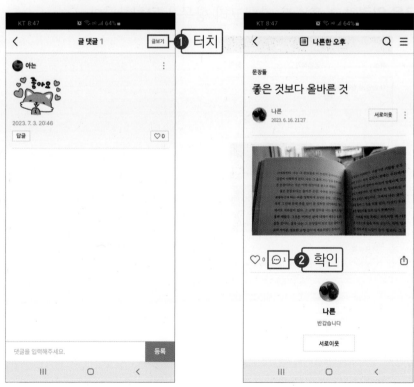

01 이웃의 포스트에서 🖸를 터치합니다. 공유하기 창이 나타나면 [블로그(🔵)]를 터치합니다.

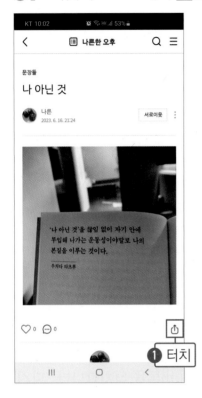

02 공유하기 화면에서 **덧붙임 글을 입력**하고 포스트 카테고리 항목을 **터치**합니다.

03 카테고리 선택 창에서 원하는 **카테고리를 선택**합니다. 이어서 카테고리가 변경된 것을 확인하고 **[확인]**을 터치합니다.

 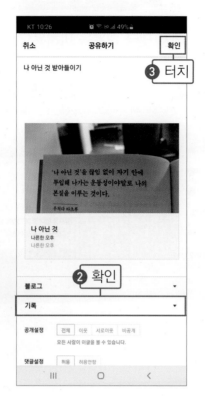

04 확인 창이 나타나면 한 번 더 **[확인]**을 **터치**합니다. 지정한 카테고리로 포스트가 공유되었습니다.

01 발행 옵션의 [글쓰기 설정]에서 댓글 허용을 비허용으로 설정하여 다른 사용자의 댓글 등록을 금지해 봅니다.

02 블로그 포스트의 ⬆️를 이용하여 네이버 밴드에 글을 공유해 봅니다.

MEMO

할 수 있다!

스마트폰을 활용한 SNS와 블로그

초 판 발 행	2023년 10월 05일
발 행 인	박영일
책 임 편 집	이해욱
저 자	권지숙
편 집 진 행	성지은
표 지 디 자 인	김도연
편 집 디 자 인	김지현
발 행 처	시대인
공 급 처	(주)시대고시기획
출 판 등 록	제 10-1521호
주 소	서울시 마포구 큰우물로 75 [도화동 538 성지 B/D] 6F
전 화	1600-3600
홈 페 이 지	www.sdedu.co.kr
I S B N	979-11-383-5960-3(13000)
정 가	12,000원

※이 책은 저작권법에 의해 보호를 받는 저작물이므로, 동영상 제작 및 무단전재와 복제, 상업적 이용을 금합니다.
※이 책의 전부 또는 일부 내용을 이용하려면 반드시 저작권자와 (주)시대고시기획 · 시대인의 동의를 받아야 합니다.
※잘못된 책은 구입하신 서점에서 바꾸어 드립니다.

시대인은 종합교육그룹 (주)시대고시기획 · 시대교육의 단행본 브랜드입니다.